AF562185

LETTRE

AUX

ESPAGNOLS-AMÉRICAINS.

par Juan Pablo Viscardo y Gusma

PAR

UN DE LEURS COMPATRIOTES.

Vincet Amor Patriæ.
" L'Amour de la Patrie l'emportera."

A PHILADELPHIE.

MDCCXCIX.

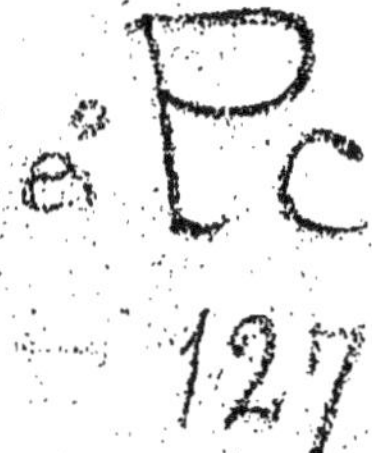

AVERTISSEMENT DE L'ÉDITEUR.

Ce legs précieux d'un Américain-Espagnol à ses compatriotes, sur le sujet le plus grand et le plus important qui puisse s'offrir à leur considération, est imprimé conforme au manuscrit de la main de l'Auteur même ; et on pourra s'apercevoir au style, que c'est un étranger qui s'exprime dans la langue Françoise sans aucune sorte de prétention. C'est D. Juan Pablo Viscardo y Guzman, *natif d'Arequipa dans le Pérou, ex-Jésuite, mort à Londres, au mois de Février* 1798, *qui en est l'Auteur. On fera connoître dans la suite le reste de cet intéressant manuscrit sur l'Amérique Méridionale.*

A Philadelphie, ce 10 *Juin,*
1799.

LETTRE

AUX

ESPAGNOLS AMÉRICAINS.

FRÈRES ET COMPATRIOTES,

LA proximité où nous sommes du quatrième siècle, après l'établissement de nos ancêtres dans le nouveau monde,* est une occurrence trop remarquable pour ne pas intéresser sérieusement notre attention. La découverte d'une si grande partie de la terre est et sera à jamais pour le genre humain l'événement le plus mémorable de ses annales ; mais pour nous qui sommes ses habitans, et pour nos descendans, c'est un objet de la plus

* Cet écrit fut apparemment fait en 1791.

grande importance. Le nouveau monde est notre patrie, son histoire est la nôtre, et c'est dans celle-ci que le devoir et l'intérêt nous obligent d'examiner notre situation présente et ses causes, pour nous déterminer, d'après une pleine connoissance, à prendre courageusement le parti dicté par le plus indispensable des devoirs envers nous-mêmes et nos successeurs.

Quoique notre histoire de trois siècles, relativement aux causes et aux effets les plus dignes de notre attention, soit si uniforme et si notoire qu'on pourroit l'abréger dans ces quatre mots— *ingratitude*, *injustice*, *esclavage* et *désolation* ; il nous convient de la lire un peu plus au long.

Nos pères, en s'éloignant à une immense distance de leur pays natal, et en renonçant à l'entretien qui leur appartenoit, aussi bien qu'à la protection qui ne pouvoit les secourir dans des régions aussi éloignées qu'inconnues ; nos pères, dans cet état d'indépendance naturelle, hasardèrent de se procurer une nouvelle subsistance par les plus énormes fatigues, avec les plus grands dangers et à leurs propres frais.* Le grand succès qui

* Herrera dit, que toutes les conquêtes se firent aux dépens des conquérans, et sans que le gouvernement fît le moindre frais.

couronna les efforts des conquérans de l'Amérique, leur donnoit un droit qui, sans être le plus juste, étoit au moins meilleur que celui des anciens Goths d'Espagne, pour s'approprier le fruit de leur vaillance et de leurs travaux ; mais le penchant naturel pour le pays natal, les porta à lui faire le plus généreux hommage de leurs immenses acquisitions, n'ayant pas lieu de douter qu'un service gratuit si important ne leur méritât une reconnoissance proportionnée, selon la coutume de récompenser dans ce siècle ceux qui avoient contribué à étendre les domaines de la nation.

Ces légitimes espérances ayant été frustrées, leurs descendans et ceux des autres Espagnols, qui successivement se sont transportés en Amérique, quoique nous ne connoissions que celle-ci pour notre patrie, et que toute notre subsistance, ainsi que celle de notre postérité, y soient fondées, nous avons respecté, conservé et chéri cordialement l'attachement de nos pères à leur première patrie ; c'est à elle que nous avons sacrifié des richesses infinies en tout genre ; c'est pour elle seule que nous avons jusqu'ici prodigué notre sueur, et c'est pour elle encore qu'en toute rencontre nous avons versé avec joie notre sang. Guidé par un enthousiasme aveugle, nous n'avons pas pris garde que tant d'empressement pour un pays qui nous est étranger, auquel nous ne devons rien, dont nous ne dépendons point et dont nous n'espérons rien, devient une cruelle trahison envers celui dans lequel nous sommes nés, et qui fournit la nourriture, à nous et à nos enfans ; que notre vénération pour les sentimens d'affection de nos pères à leur première patrie, est la preuve la plus décisive de la préférence que nous devons à la nôtre ; tout ce que nous avons prodigué à l'Espagne a été contre toute raison enlevé à nous-mêmes et à nos enfans ; tandis que notre sottise nous a laissés charger de fers ; et si nous ne les brisons pas à temps, il ne nous reste d'autre ressource que de supporter patiemment cet ignominieux esclavage.

Si notre condition présente étoit aussi irremédiable qu'elle est désolante, ce seroit un acte de pitié que de la cacher à vos yeux ; mais ayant en notre pouvoir le plus sûr remède, dévoilons cet affreux tableau et considérons-le à la lumière de la vérité. Elle nous apprend, que toute loi qui s'oppose au bien universel de ceux pour qui elle est faite, est un acte de tyrannie, et que c'est forcer à l'esclavage que d'en exiger l'observance ; qu'une loi qui tendroit à détruire directement la base de la prospérité d'un peuple, seroit une monstruosité au-dessus de toute expression. Il est encore évident que le peuple qu'on dépouilleroit de la liberté personnelle et de la disposition de sa propriété, tandis que toutes les autres nations ont de tous temps unanimement jugé, en pareilles circonstances que leur plus grand intérêt étoit de les étendre : ce même peuple se trouveroit dans un état d'esclavage, tel qu'il n'en fut jamais imposé à des ennemis dans la frénésie de la victoire.

Ces principes incontestables étant posés, voyons comme ils s'adaptent à notre réciproque situation et à celle de l'Espagne ; un immense empire ; de trésors qui surpassent toute imagination ; une gloire, et une puissance supérieures à tout ce que l'antiquité put connoître ; voilà nos titres à la reconnoissance de l'Espagne et de son gouvernement, et à leur protection la plus distinguée. Notre récompense a été telle, que la plus sévère justice auroit à peine infligé une punition semblable, si nous avions été coupables des plus grands crimes : elle nous exile de tout le monde ancien, et nous retranche de la société à laquelle nous tenons étroitement par tous les liens ; ajoutant à cette usurpation sans exemple de notre liberté personnelle, l'autre usurpation aussi importante de la propriété de nos biens.

Depuis que les hommes commencèrent à s'unir en société pour leur plus grand bénéfice, nous sommes les seuls que le gouvernement a forcés de pourvoir à ses besoins au plus haut prix possible, et de le défaire de ses productions au prix le plus bas.—Pour que cette violence eût le succès le plus complet, on nous a fermé, comme dans une ville assiégée, toutes les voix par lesquelles nous eussions pu obtenir des autres nations, à des prix modérés et par des échanges équitables, les denrées qui nous étoient nécessaires. Les impôts du gouvernement, les gratifications du ministère, l'avarice des marchands autorisés à exercer de concert le plus effréné monopole, marchant tous sur la même ligne, il falloit bien que la disette ne laissât pas de choix à l'acheteur; et comme cette tyrannie marchande pouvoit nous forcer de recourir à notre industrie pour suppléer à nos besoins, le gouvernement prit soin de l'enchaîner.

On ne sauroit sans indignation observer les effets de ce détestable plan de commerce, et les détails en seroient incroyables, si ceux que nous ont donnés des personnes impartiales et dignes de foi, ne fournissoient les preuves les plus décisives pour juger du reste; sans le témoignage oculaire de Don Antonio Ulloa, il seroit difficile, de persuader l'Europe, que le prix d'articles essentiellement nécessaires en tous lieux, comme le fer et l'acier, fut, dans Quito, en temps de paix, régulièrement au-dessus de *cent pesos*, ou 540 livres * tournois par quintal de fer, et de 150 piastres, ou 810 livres par quintal d'acier ; le prix du premier, n'étant, en Europe, que de 25 à 30 livres et celui du second à proportion : que dans un port aussi célèbre que celui de Carthagène des Indes †, et pareillement en temps de paix, il y ait eu une si grande disette de vin, qu'on fut contraint de ne célébrer la messe que dans une seule église ; et que généralement cette disette et le haut prix empêchent l'usage de cette boisson, rendue plus nécessaire qu'ailleurs par l'insalubrité du climat.

Pour l'honneur de l'humanité et de notre nation, il vaut mieux passer sous silence les horreurs et les violences de l'autre commerce exclusif (connu au Pérou sous le nom de *Repartimientos*) que s'arrogent les *Corregidors* et *Alcaldes mayores* pour la désolation et la ruine particulière des malheureux *Indiens* et *Métis*. Quelle merveille donc, si avec tant d'or et d'argent dont nous

---

* Voyage à l'Amérique Méridionale, tom. 1. liv. 5, ch. vii.

† Vol. 1 liv. 1. chap. viii.

avons presque rassasié l'univers, nous possédons à peine de quoi couvrir notre nudité ? à quoi bon tant de terres si fertiles, si manquant d'instrumens nécessaires pour les labourer, il nous est d'ailleurs inutile de les cultiver au-delà de notre consommation ? Tant de bienfaits que la nature nous prodigue sont en pure perte ; ils accusent la tyrannie qui nous empêche d'en tirer profit, en les partageant avec les autres peuples.

Il semble que sans renoncer à tout sentiment de honte, on ne pouvoit rien ajouter à de si grands outrages.—L'ingénieuse politique qui, prétextant notre bien, nous avoit dépouillé de la liberté et de la propriété, devoit, ce me semble, suggérer, qu'il falloit au moins nous laisser une ombre d'honneur, et quelques moyens de nous rétablir, et de préparer de nouvelles ressources. C'est ainsi du moins que l'homme accorde la nourriture et le repos aux animaux qui le servent. L'administration économique de nos intérêts nous eût consolé des autres pertes, et n'eût procuré que des avantages à l'Espagne. Les intérêts de notre pays n'étant autres que les nôtres, leur bonne ou mauvaise administration retombe nécessairement sur nous, et il est évident que c'est à nous seuls qu'appartient le droit de l'exerl'exercer ; que nous seuls pouvons en remplir les fonctions à l'avantage de la patrie et de nous-mêmes.

Quels mécontentemens ne témoignèrent pas les Espagnols, lorsque quelques *Flamands*, sujets aussi bien qu'eux de Charles-Quint, et de plus ses compatriotes, occupèrent quelques emplois publics en Espagne ? Combien ne se récrièrent-ils pas ? par combien de remonstrances et de soulèvemens ne demandèrent-ils pas que ces étrangers fussent renvoyés, sans que leur petit nombre et la présence du monarque pût calmer l'inquiétude générale ? La crainte que l'argent d'Espagne n'allât dans un autre pays, quoiqu'appartenant à la même monarchie, fut le motif qui fit insister les Espagnols avec plus de chaleur sur leur demande.

Quelle différence entre cette situation momentanée des Espagnols et la nôtre depuis trois siècles ! Privés de tous les avantages du gouvernement, nous n'avons éprouvé de sa part que les plus horribles désordres et les plus grands vices ! Sans espoir de jamais obtenir ni une protection immédiate, ni une prompte justice, à la distance de deux à trois mille lieues, sans ressource pour les réclamer, nous avons été livrés à l'orgueil, à l'injustice, et à la rapacité de ministres, aussi avides au moins que les favoris de Charles Quint. Impitoyables pour des gens qu'ils ne connoissoient pas et qu'ils regardoient comme des étrangers, ils ont cherché seulement à satisfaire leur cupidité, dans la parfaite assurance que leur conduite inique seroit dérobée à la connoissance du souverain, ou resteroit impunie. Le sacrifice de nos plus chers intérêts à ceux de l'Espagne, a été le mérite patriotique dont ils ont tous prétendu s'honorer, pour excuser les injustices dont on nous accabloit; mais la misère où l'Espagne elle-même est tombée, prouve que ces hommes-là n'ont jamais connu les vrais intérêts de la nation, ou qu'ils n'ont cherché qu'à masquer de ce prétexte leurs démarches honteuses, et l'événement a démontré encore une fois que *jamais l'injustice ne produit des fruits solides*.

Afin que rien ne manque à notre ruine et à notre humiliant esclavage; l'indigence, la convoitise et l'ambition ont toujours fourni à l'Espagne une foule d'aventuriers qui se portent en Amérique; ils y arrivent résolus de s'indemniser amplement, avec notre substance, de ce qu'ils ont avancé pour obtenir leurs emplois; ils se dédommagent de l'abandon de leur patrie, de leurs peines et de leurs dangers, en nous apportant toutes les calamités possibles ; sans cesse, ils renouvellent ces scènes d'horreurs, qui ont fait disparoître de la surface de la terre des peuples entiers dont le seul crime fut la foiblesse, ils changent l'éclat de la plus grande conquête, en une flétrissure ignominieuse pour le nom Espagnol.

C'est ainsi, qu'après avoir satisfait au brigandage pallié du nom de commerce, aux exactions du gouvernement en retour de *ses insignes bienfaits*, et aux riches appointemens de la foule innombrable d'étrangers qui, sous de différentes dénominations, en Espagne et en Amérique, se gorgent fastueusement de nos biens ; ce qui nous en reste devient l'objet des perpétuelles embûches de tant d'orgueilleux tyrans ; leur rapacité ne connoît d'autres bornes que celles où leur insolence et la certitude de l'impunité veulent bien s'arrêter. Ainsi, tandis qu'à la cour, dans les armées et dans les tribunaux de la monarchie, on prodigue les richesses et les honneurs à des étrangers de toutes les nations ; nous seuls, nous en sommes déclarés indignes ; nous sommes déclarés incapables de remplir, même dans notre patrie, des emplois qui, dans le droit le plus rigoureux, nous appartiennent exclusivement. Ainsi la gloire, qui coûta tant de peines à nos pères, est devenue pour nous un héritage d'ignominie ; et avec nos trésors immenses, nous n'avons acheté que misère et esclavage.

Parcourons notre malheureuse patrie d'un bout à l'autre ; et partout nous trouverons la même désolation, partout une avarice aussi démesurée qu'elle est insatiable, partout le plus abominable trafic d'injustice et d'inhumanité de la part des sangsues employées par le gouvernement à notre oppression. Consultons nos annales de trois siècles ; elles nous apprendront l'ingratitude et l'injustice de la Cour d'Espagne, et son infidélité à remplir les engagemens contractés d'abord avec le grand Colomb, et ensuite avec les autres conquérans qui lui donnèrent l'empire du nouveau monde, à des conditions solennellement stipulées ; nous verrons la postérité de ces hommes généreux, flétrie par le mépris et poursuivie par la haine, qui les a calomniés, persécutés, ruinés. De simples particularités pourroient faire douter de cet esprit persécuteur, qui de tout temps s'est signalé contre les Espagnols Américains ; lisez seulement ce que le *véridique Inca Garcilaso de la Vega* a écrit dans le 2e. volume de ses Commentaires, liv. VIII. chap. 17.

Lorsque le vice-roi, D^{n}. François de Toledo, cet hypocrite féroce, s'avisa de faire périr le seul héritier direct de l'empire du Pérou, pour assurer à l'Espagne la possession de ce malheureux pays ; dans le procès qu'il ordonna contre le jeune et innocent *Inca Tupac Amaru*, parmi les faux crimes dont ce prince fut chargé, "on accuse," dit Garcilaso, "ceux qui étoient nés dans ce "pays, de mères Indiennes et de pères Espagnols, "conquérans de cet empire ; on alléguoit qu'ils "étoient secrètement convenu avec Tupac Amaru "et les autres Incas d'exciter une révolte dans le "royaume, pour favoriser le mécontentement de "ceux qui étoient nés du sang royal des Incas, "ou dont les mères étoient filles, nièces, ou "cousines germaines de la famille des Incas, et "les pères Espagnols, et des premiers conqué-"rans, qui avoient acquis tant de réputation ; que "ceux-là étoient si peu considérés, que ni le droit "naturel des mères, ni les grands services et mé-"rites des pères, ne leur procuroient aucun avan-"tage, mais que tout étoit distribué aux parens et "aux amis des gouverneurs, qu'eux seuls restoient "exposés à mourir de faim, s'ils ne vouloient "pas vivre d'aumônes, ou devenir voleurs de "grand chemin et aller à la potence. Ces accu-"sations étant portées contre les fils des Espagnols "nés de femmes Indiennes, ils furent tous saisis,

" et ceux d'entr'eux qui étoient âgés de vingt ans
" et au-dessus, capables de porter les armes, et
" demeurant alors à Curco, furent emprisonnés.
" On en mit quelques-uns à la torture, pour les
" forcer d'avouer ce dont il n'y avoit ni preuves ni
" indices. Au milieu de ces fureurs et procédés
" tyranniques, une Indienne, dont le fils étoit
" condamné à la question, vint à la prison, et,
" élevant sa voix, s'écria : *Mon fils, puisqu'on t'a*
" *condamné à la torture, souffre-là courageusement*
" *en homme d'honneur ; n'accuse personne à faux,*
" *et Dieu te donnera la force de la supporter ; il te*
" *récompensera des périls et des peines que ton père*
" *et ses compagnons ont essuyés pour rendre ce*
" *pays chrétien, et faire entrer ses habitans dans*
" *le sein de l'église.....* Cette exhortation magna-
" nime, proférée avec toute la véhémence dont
" cette mère étoit capable, fit la plus grande im-
" pression sur l'esprit du vice-roi ; elle le détour-
" na de son dessein de faire mourir ces malheu-
" reux ; cependant ils ne furent pas absous ;
" mais on les condamna à une mort plus lente,
" en les exilant en différentes parties du nouveau
" monde.... quelques-uns même furent envoyés
" en Espagne."

Tels étoient les premiers fruits que la postérité des découvreurs du nouveau monde recevoit de la reconnoissance Espagnole, lorsque le souvenir des mérites de leurs pères étoit encore récent. Le vice-roi, ce monstre sanguinaire, parut alors l'auteur de toutes les injustices ; mais désabusons-nous sur les sentimens de la Cour, si nous croyons qu'elle ne participoit pas à ces excès ; elle s'est plu de nos jours à les renouveler dans toute l'Amérique, en lui arrachant un bien plus grand nombre de ses enfans, sans chercher même à déguiser son inhumanité : ils ont été déportés jusqu'en Italie, après les avoir jetés dans un pays étranger à sa domination, et les avoir renoncé comme sujets. La Cour d'Espagne, par une contradiction et un raffinement inoui de cruautés, et avec cet acharnement que la seule crainte de l'innocence sacrifiée inspire aux tyrans, la Cour s'est réservé le droit de les persécuter et de les opprimer sans cesse : la mort a déjà délivré la plupart de ces exilés des misères qui les ont accompagnés jusqu'au tombeau ; les autres traînent des jours malheureux et sont une nouvelle preuve de cette cruauté de caractère qu'on a tant de fois reprochée à la nation Espagnole, quoique réellement ce reproche ne doive tomber que sur le despotisme de son gouvernement.*

---

* Dans l'année 1785, existoient encore en Italie les Ex-Jésuites suivans natifs de l'Amérique Espagnole. Cette liste

Trois siècles entiers, pendant lesquels ce gouvernement a, sans interruption, sans variation,

---

est tirée du régistre-général à Rome, pendant que D. F. de Miranda voyageoit dans ce pays.

De la Province de MEXICO.

Abaurrea Miguel, Achica Agustin, Aguirre Juan, Alegre Xavier, Alegria Francisco, Alegria José, Almela Miguel, Amaya José, Almon Juan, Andonacqui José, Aramburu Ignacio, Arenas Manuel, Arnès Victoriano, Armesto Juan, Arriaga Blas, Arriaga Josef, Arrieta Juan, Arriola Lorenzo, Arroyo Simon, Arsdekin José, Ascarza Domingo, Ascencio Ramon.—Basco Miguel, Bazzeiro Diego, Barroso Antonio, Begert Santiago, Belmont Juan, Berens Juan, Bermeo Juan, Bernardez Francisco, Blanco Ignacio, Blanco Juan, Boladro Pedro, Borda Josè, Barrote Agustin, Boz Miguel, Brito Manuel, Brito Rodrigo.—Cabo Lorenzo, Cabo Andres, Calderon Francisco, Calderon Fernando, Calderon Maxiano, Callejo Josè, Callejo Matias, Calvillo Antonio, Cañas Bartolomé, Canton Pedro, Caro Josè, Caro Pedro, Casanova Antonio, Castañiza Josè, Castaño Santiago, Castilla Josè, Castillo Xavier, Castillo Josè Manuel, Castro Agustin, Castro Antonio, Castro Joaquin, Castro Miguel, Cedano Juan, Cedano Josê, Cia Joaquin, Ciorraga Manuel, Clavigero Xavier, Clavigero Ignacio, Colazo Manuel, Colon Manuel, Coutreras Xavier, Coronel Santiago, Cosio Domingo, Cosio Josef Gregorio, Cuervo Pedro, Cuevas Eduando.—Diaz Vicente, Diaz Cosmé, Diez Juan, Diez Domingo, Domenec Francisco, Dominguez Josè, Doporto Juan, Doporto Josè Ignacio.—Echeverria Gabriel, Egusguiza Juan, Encinas Josè, Escalante Francisco, Escobar Marcos, Espadas Josè,

tenu la même conduite à notre égard, deviennent la preuve complète d'un plan réfléchi, qui nous

---

Esparza Domingo, Esparza Tomas, Esparza Juan, Fabrega Josè-Lino, Fabri Manuel, Fernandez Eligio, Flores Manuel, Flores Juan Nepomo, Flores Blas, Fondevilla Estanislao, Franco Xavier, Franyuti Estevan, Franyuti Felipe, Franyuti Antonio, Freuero Antonio, Frexomil Josè, Frexomil Atanasio, Fuente Andres-Prudentio.—Gadea Miguel, Gallardo Pedro, Ganuza Pedro, Garcia Diego Sebastian, Garnica Lorenzo, Gomez Ignacio, Gil Maximiliano, Gonzalez Miguel Geronimo, Gonzalez Juan Ignacio, Gonzalez Xavier, Gonsalez (Cantabna.) Manuel, Gonzalez Narciso, Gonzalez Isidro, Gonzalez Andres, Gonzalez Claudio, Gonzalez Josè Domingo, Gonzalez Cruz Josè, Gonzalez Tomas, Gradilla Ignacio, Guebel Josè, Guerrero Josè Maximiliano, Gutierrez Miguel.—Herrera Manuel, Hijtl Antonio, Hostel Lamberto—Jañez Josè, Jllanes Francisco, Juaama Francisco, Jrizar Martin, Jturriaga Josef Maximiliano, Jturriaga Pedro.—Iabat Juan Baptisto, Iugo Antonio, Iugo Juan.—Landivar Rafael, Lartundo Juan, Latas Felipe, Lava Legaspi Josè, Leguinazabal Joachin, Lezaun Antonio, Josef, Llantada Juan, Llorente Juan, Lomana Nicolas, Lopez Manuel, Lopez Salvador, Lozano Antonio, Lozano Miguel, Lucena Andres.—Maestri Matias, Maldonado Josè, Malo Pedro, Malo Enrique, Malo Pablo, Malo Juan, Maneiro Juan, Marquez Pedro, Marquez Mariano, Martinez Victor, Martin Arrivas Manuel, Martinez Juan, Martinez Xavier, Martinez Tomas, Matheu Santiago, Mendoza Manuel, Michel Andres, Miralla Gaspar, Miranda Francisco, Miranda Tomas, Miranda Manuel, Montalvan Manuel, Mota Juan Ignacio, Muñoz Juan, Muñoz Manuel, Muñoz Antonio, Muñoz Cote, Ma-

sacrifie entièrement aux intérêts & à la convenance de l'Espagne ; mais surtout aux passions de son

---

nuel, MuñozAgustin.—Nava Juan Antonio, Navarrete Pedro, Norriega Antonio, Noroña Nicolas, Nuñez Josè.—Oceguera Nicolas, Ocio Magdaleno, Olague Martin, Oliveros Pedro, Ortiz Ignacio.—Padilla Josè, Palacios Rafael, Palacios Hilario, Patiño Benito, Peñalver Josè, Periera Josè, Perez Tomas, Perez Ignacio, Perez Acal Pedro, Perez Morales Pedro, Piedra Josè, Pimentel Luis, Pineda Francisco Sales, Poggio Ramon, Portillo Atanasio, Poveda Antonio, Pozo Josè, Pozo Bernabé, Paendis Antonio, Priego Antonio.—Quintana Mariano, Quintanilla Juan, Quintanilla Josè.—Ramirez Policarpo, Ravanillo Juan, Real Agustin, Remirez Antonio, Rendon Xavier, Restan Jesef, Reinoso Sancho, Rivera Rafael, Rincon Josè, Rivero Xavier, Rodriguez Xavier, Rodriguez Manuel, Rodriguez Gil, Rodriguez Domingo, Romeo Beniso, Romero Josè, Roset Juan, Rosso Andres, Rotea Vicente, Rotea Josè, Ruiz Juan de Dios.—Sacrameña Juan, Salazar Julian, Sanchez Josè, Sandoval Vicente, Santa Cruz Gabriel, Santoyo Luis, Sarmiento Bernardo, Sebastian Felix, Serrano Juan Manuel, Serrano Juan, Serrato Juan, Sierra Josè Luis, Silva Josè Vincente, Sola Miguel, Solar Josè Basilio, Soldevilla Josè, Souza Matias.—Tarros Ramon, Teran Manuel, Texedor Josè, Toledo Josè, Tovar Vicente, Turpin Josè.—Valdes Bernardo, Vallarta Josè, Vaquera Pedro, Vargas Gregorio, Vazoazabal Andres, Vega Josè Onorato, Velasco Benito, Velasco Maximiliano, Ventura Lucas, Vidal Francisco, Vidaurri Torge, Villalta Manuel, Villaviesa Juan, Villa Urratia Francisco, Vivar Francisco, Vivas Luis.—Ugarte Hilario, Ugarte Domingo, Urbina Benito, Uria Uroquin, Urizar Miguel, Urizar Francisco.—Ximenez

ministère. Il n'est pas moins évident, que malgré les efforts multipliés d'une fausse & inique politique, nos établissemens ont acquis une telle consistance, que Montesquieu, ce génie sublime, a dit, "Les Indes & l'Espagne sont deux puissances sous un même maître ; mais les Indes sont le principal ; l'Espagne n'est que l'accessoire. En vain la politique prétend de ramener le principal à l'accessoire ; les Indes attirent toujours l'Espagne à elles." * Ceci veut dire

---

Antonio, Ximeno Custodio.—Zomorano José, Zapata Juan Zarzosa Bernardo, Zaias Joaquin, Zelis Rafael.

Varios Ex-Jesuitas del PERU.

Rios Maximiliano, Rios Josè, Leon Manuel, Leon Miguel, Gutierrez Josef, Zuvizarreta Tomas, Arguedas Juan, Santos Martin, Santos Mateo, Bohorques Casimiro, Cardona Casimiro, Bustamante Josef.

Del PARAGUAI, *ó* BUENOS-AIRES.

Rivadavia Josef, Rospigliosi Ramon,

Del QUITO,

Lorenzo Tomas, De Aguirre Josef, Hacha Andres, Eguer Antonio.

Del CHILE.

Palazuelos Antonio, Molina Ignacio, Boza Matheo, De Aguirre Josef, Aguirre Antonio.

Suma Total——313.

* Liv. xxi. chap. 22.

dans un autre sens; que les raisons de nous tyranniser s'accroissent tous les jours ; semblable à un tuteur pervers, qui s'est accoutumé à vivre dans le faste & l'opulence aux dépens de son pupille, la Cour d'Espagne voit avec la plus grande frayeur, approcher le moment que la nature, la raison, la justice ont prescrit pour nous émanciper d'une tutelle aussi tyrannique.

Le vide & la confusion que produira l'anéantissement de cette administration prodigue de nos biens, n'est pas le seul motif qui engage la Cour d'Espagne, en perpétuant notre minorité, à appesantir nos chaînes : le despotisme qu'avec nos trésors elle exerce sur les ruines de la liberté Espagnole, pourroit recevoir de notre indépendance un coup mortel ; & l'ambition doit le prévenir par les plus grands efforts.

La prétention de la Cour d'Espagne à une aveugle obéissance à ses lois arbitraires, est fondée principalement sur l'ignorance qu'elle a soin d'entretenir & d'encourager, surtout à l'égard des droits inaliénables de l'homme, & des devoirs indispensables de tout gouvernement ; elle est venue à bout de persuader au vulgaire que c'est un crime de raisonner sur les matières qui importent le plus à chaque individu ; & par conséquent que c'est toujours un devoir, d'éteindre le précieux flambeau que nous donna le créateur pour nous éclairer & nous conduire. Malgré les progrès d'une doctrine si funeste, toute l'histoire Espagnole dépose constamment contre sa vérité & sa légitimité.

Après la mémorable époque du pouvoir arbitraire & de l'injustice des derniers rois Goths, qui amenèrent la ruine de leur empire & de la nation Espagnole, nos ancêtres, en rétablissant le royaume & son gouvernement, ne pensèrent qu'à se prémunir contre le pouvoir absolu auquel ont toujours aspirés nos rois. Dans ce dessein, ils concentrèrent la suprématie de la justice, & les pouvoirs législatifs de la paix, de la guerre, des subsides & des monnoies, dans les *cortes* qui représentoient la nation dans ses différentes classes, & devoient être les dépositaires & les gardiens des droits du peuple.

A cette barrière si solide, les Arragonois ajoutèrent le célèbre magistrat nommé *El Justicia*, pour veiller à la protection du peuple contre toute violence & oppression, ainsi que pour réprimer le pouvoir abusif des rois. Dans le préambule d'une de ces lois, les Arragonois disent, selon *Jérome Blanca*, dans ses Commentaires, page 751;

" que la stérilité de leur pays & la pauvreté de " ses habitans sont telles, que si la liberté ne les " distinguoit pas des autres nations, le peuple " abandonneroit sa patrie & iroit s'établir dans " une région plus fertile." Et afin que le roi n'oublie jamais la source d'où lui vient la souveraineté, le *justicia*, dans la cérémonie solennelle du couronnement, lui adressoit les paroles suivantes : " nos, que valemos quanto vos, os ha- " cemos neustro rey y senôr, contal que guardeis " neustros fueros y libertades, y sino, no." C'est-à-dire, en François : *nous, qui valons autant que vous, vous faisons notre roi et seigneur, pourvu que vous gardiez nos droits et liberté, et sinon, non* ; ainsi que le rapporte le célèbre Antonio Perez, secrétaire du roi Don Philippe II. C'étoit donc un article fondamental de la constitution d'Arragon ; que, si le roi violoit les droits & privilèges du peuple, le peuple pouvoit légitimement le méconnoître pour son souverain, & à sa place en élire un autre, même de la religion *Payenne*, selon le même Geronimo Blanca.

C'est à ce noble esprit de liberté que nos ancêtres ont été redevables de l'énergie qui leur fit achever de si grandes entreprises, & qui, parmi tant de guerres onéreuses, fit fleurir la nation, & la combla de prospérités, comme on le voit aujourd'hui dans l'Angleterre & en Hollande : mais dès que le roi eût franchi les bornes que la constitution de Castille & celle d'Arragon avoient prescrites, la décadence de l'Espagne fut aussi rapide que le pouvoir extraordinaire acquis, ou pour mieux dire, usurpé par les souverains ; & cela prouve assez que le pouvoir absolu, auquel l'arbitraire se mêle toujours, est la ruine des États.

La réunion des royaumes de Castille & d'Arragon, ainsi que les grands États, qui dans le même temps échurent aux rois d'Espagne & les trésors des Indes donnèrent à la couronne d'Espagne une prépondérance imprévue, & qui devint si puissante qu'en très-peu de temps, elle renversa toutes les barrières élevées par la prudence de nos ayeux, pour assurer la liberté de leur postérité : l'autorité royale, telle que la mer sortie de ses bornes, inonda toute la monarchie, & la volonté du roi & de ses ministres devint la loi universelle.

Le pouvoir despotique une fois si solidement établi, l'ombre même des anciens *cortes* n'exista plus ; il ne resta, aux droits naturels, civils & religieux des Espagnols, d'autre sauvegarde que le bon plaisir des ministres, ou les anciennes formalités de justice, appellées *Voies Juridiques* ; ces dernières ont pu quelquefois s'opposer à l'oppression de l'innocence, sans empêcher cependant que le proverbe ne soit toujours vérifié : *Là vont les lois, où veulent les rois.*

Une heureuse invention fournit, enfin, le moyen le plus fécond de se délivrer de ces ennuyeuses entraves. La suprême puissance économique, et *les motifs réservés dans l'âme royale* (expressions qui ne manqueront pas d'étonner la postérité), découvrant enfin la vanité de toutes les rêveries du genre humain sur les principes éternels de justice, sur les droits et les devoirs de la nature et de la société, ont tout à coup déployé leur irrésistible efficace sur plus de *cinq mille* citoyens Espagnols.* Observez que ces citoyens étoient unis en un corps, qui, à ses droits de société en qualité de membre de la nation, joignoit l'honneur de l'estime publique, méritée par des services aussi utiles qu'importans.†

Omettant

---

* Dans l'année 1786, il existoit en Italie plus de 3000 ex-jésuites Espagnols—le reste de ces 5000 malheureux, n'ayant pour tout revenu qu'une pension de 2 *paoli* par jour, à peine suffisante pour nourrir un domestique.

† " Le *Paraguay* (dit Montesquieu) peut nous fournir un " autre exemple. On a voulu en faire un crime à la *société* " qui regarde le plaisir de commander comme le seul bien de " la vie : mais il sera toujours beau de gouverner les " hommes en les rendant plus heureux.

" Il

Omettant les réflexions suggérées par toutes les circonstances d'une exécution si étrange, et laissant à part les malheureuses victimes de ce barbare attentat, ne le considérons qu'à l'égard de toute la nation Espagnole.

La conservation des droits naturels, et surtout de la liberté et de la sûreté des personnes et des biens, est incontestablement la pierre fondamentale de toute société humaine, sous quelque forme qu'elle soit combinée ; c'est donc le devoir indispensable de toute société ou du gouvernement qui la représente, non-seulement de res-

---

" Il est glorieux pour elle d'avoir été la première qui ait
" montré dans ces contrées l'idée de la religion jointe à celle
" de l'humanité. En réparant les dévastations des Espagnols,
" elle a commencé à guérir une des grandes plaies qu'ait
" encore reçues le genre humain.

" Un sentiment exquis qu'a cette société pour tout ce
" qu'elle appelle honneur, son zèle pour une religion qui
" humilie bien plus ceux qui l'écoutent que ceux qui la prê-
" chent, lui ont fait entreprendre de grandes choses ; et elle
" y a réussi. Elle a retiré des bois des peuples dispersés, elle
" leur a donné une subsistance assurée, elle les a vêtus ; et
" quand elle n'auroit fait par-là qu'augmenter l'industrie
" parmi les hommes, elle auroit beaucoup fait." *Esp. des Lois*. liv. IV. chap. 6.

pecter, mais encore de protéger efficacement les droits de chaque individu.

Appliquant ces principes au sujet actuel, il est manifeste que cinq mille citoyens Espagnols, que jusqu'alors l'opinion publique n'avoit eu nulle raison de soupçonner d'aucun crime, ont été dépouillés par le gouvernement de tous leurs droits, sans aucune accusation, sans aucune forme de justice et de la manière la plus arbitraire. Le gouvernement a violé solennellement la sûreté publique, et jusqu'à ce qu'il ait rendu compte à toute la nation des motifs qui l'ont fait agir aussi despotiquement, il n'est aucun particulier qui, au lieu de la protection qui lui est due, n'ait à craindre une oppression semblable, d'autant plus que sa foiblesse individuelle l'expose davantage qu'un corps nombreux, et qui, à plusieurs égards, intéressoit la nation entière. Une crainte si sérieuse et si bien fondée exclut naturellement toute idée de sûreté; le gouvernement coupable de l'avoir détruite dans toute la nation, a converti en instrumens d'oppression et de ruine, les moyens qu'on lui avoit confiés pour protéger et conserver les individus.

Si le gouvernement se croit obligé de faire renaître la sûreté publique, et la confiance de la nation dans la droiture de son administration, il doit manifester, dans la forme juridique la plus claire, la justice de son cruel procédé envers les cinq mille individus dont on vient de parler. Et, en attendant, il est tenu d'avouer le crime qu'il a commis envers la nation, en transgressant un devoir indispensable et en exerçant une impitoyable tyrannie.

Mais si le gouvernement se croit au-dessus de ces devoirs envers la nation, quelle différence fait-il donc entr'elle et un troupeau de vils animaux qu'un simple caprice du propriétaire peut dépouiller, aliéner, sacrifier ? Le lâche et timide silence des Espagnols sur cet horrible procédé, justifie le discernement du ministère qui osa se porter sans crainte à une entreprise aussi difficile qu'elle étoit injuste. Et s'il en est des maladies politiques d'un État, comme des maladies de l'homme, c'est-à-dire, qu'elles ne semblent jamais plus dangereuses que quand le malade paroît insensible à l'excès du mal qui le consume, certes la nation Espagnole, dans sa situation actuelle, a de quoi se consoler de ses maux.

D'après l'histoire nationale, nous venons d'esquisser les progrès de la grande revolution, qui, dans la constitution et le gouvernement d'Espagne, s'est perpétuée jusqu'à nous ; passons maintenant à l'examen de l'influence que nous devons espérer ou craindre de cette même révolution.

Tandis que les causes connues d'un mal quelconque, vont toujours en empirant, ce seroit une folie d'espérer le bien opposé. Nous avons vu l'ingratitude, l'injustice et la tyrannie dont le gouvernement Espagnol nous accable depuis la fondation de nos colonies, c'est-à-dire, lorsqu'il étoit bien loin du pouvoir absolu et arbitraire auquel il est parvenu ; à présent qu'il ne connoît d'autres règles que sa volonté, et qu'il est accoutumé à considérer notre propriété, comme un bien qui lui appartient, toute son étude consiste à l'augmenter à nos dépens, en colorant toujours du nom d'utilité pour la *mère patrie*, l'infâme sacrifice de tous nos droits et de nos intérêts les plus précieux. Cette logique est celle des voleurs de grand chemin ; elle justifie l'usurpation du bien d'autrui, par l'utilité qui en revient à l'usurpateur.

L'expulsion et la ruine des Jésuites, n'eurent, selon toute apparence, d'autres motifs que la renommée de leurs richesses : celles-ci étant épuisées, le gouvernement, sans pitié pour la désastreuse situation où il nous a réduits, voulut encore l'agraver par ses nouveaux impôts, particulièrement dans l'Amérique Méridionale, où, en 1780, il coûtèrent tant de sang au Pérou. Nous gémirions encore sous cette nouvelle oppression, si les premières étincelles d'une indignation trop long-temps réprimée n'avoient forcé nos tyrans à se désister de leurs extortions. GÉNÉREUX AMÉRICAINS DU NOUVEAU ROYAUME DE GRENADE ! si l'Amérique Espagnole nous doit le noble exemple de l'intrépidité qu'il convient d'opposer à la tyrannie et le nouvel éclat ajouté à sa gloire ; c'est dans les fastes de l'humanité que l'on verra gravé en caractères immortels, que vos armes protégèrent les pauvres Indiens nos compatriotes, et que vos députés stipulèrent pour leurs intérêts avec un égal succès. Puisse votre conduite magnanime devenir une leçon utile à tout le genre humain !

Le ministère est loin de renoncer à ses projets d'engloutir le misérable reste de nos biens ; mais déconcerté par la résistance inattendue qu'il éprouva à *Zipaquira*, il a changé de méthode pour arriver à son but ; et adoptant, lorsqu'on s'y attendoit le moins, un système contraire à celui que sa méfiante politique avoit invariablement observé, il a résolu de fournir des armes aux Espagnols Américains, de les instruire dans la discipline militaire ; il espère, sans doute, obtenir des troupes régulières Américaines, le même secours qu'il trouve en Espagne dans les bayonnettes pour se faire obéir ; mais, grâce au ciel, la dépravation des principes d'humanité et de morale n'est pas venue au comble parmi nous ; jamais nous ne deviendrons les barbares instrumens de la tyrannie, et plutôt que de nous souiller de la moindre goutte du sang de nos frères innocens, nous verserons tout le nôtre pour la défense de nos droits et de nos intérêts communs.

Une marine puissante prête à nous apporter toutes les horreurs de la destruction, est l'autre moyen que notre résistance passée suggère à la tyrannie ; *c'est l'appui nécessaire au gouvernement, et à la conservatibn des Indes* ; le décret du 8 Juillet, 1787, ordonne que : *les finances des Indes* (la branche du tabac exceptée) *préparent des fonds suffisans pour défrayer la moitié ou le tiers des énormes dépenses qu'exige la marine royale.*

Nos établissemens dans le continent du nouveau monde, même dans leur état d'enfance, et lorsque la puissance d'Espagne étoit à son plus grand déclin, ont toujours été à l'abri de toute invasion ennemie ; et nos forces étant maintenant beaucoup plus considérables, il est clair que l'accroissement des troupes et de la marine, est, à notre égard, une dépense aussi énorme qu'inutile à notre défense ; ainsi cette déclaration formelle, énoncée avec tant de franchise, ne semble indiquer autre chose, sinon que la vigilance paternelle du gouvernement, pour la prospérité, dont jusqu'ici, il nous a fait goûter les douceurs, se propose de nous donner des preuves nouvelles de son zèle et de son amour.* En n'écoutant que les idées de justice qu'on doit supposer à tout gouvernement, on seroit tenté de croire que les fonds, que nous devons fournir *pour défrayer les énormes dépenses de la marine royale*, sont destinés à protéger notre commerce et à multiplier nos richesses, de sorte que nos ports, tels que ceux de l'Espagne, vont être ouverts à toutes les nations ; et que nous pourrons nous-même, visiter les régions les plus éloignées, pour y vendre et acheter de la première main : alors nos trésors ne s'écouleront plus comme des torrens pour ne jamais revenir, mais circulant parmi nous, ils s'accroîtront sans cesse par l'industrie.

---

* Toutes les fois que le gouvernement Espagnol nous annonce un bienfait, on se rappelle ce que le bourreau disoit au fils de Philippe second, en lui mettant la corde au cou : « Paix, paix, seigneur Don Carlos, tout ce qu'on fait est « pour votre bien. »

Nous pourrions d'autant mieux nous livrer à ces belles espérances qu'elles sont conformes *au système d'union et d'égalité*, dont le gouvernement, dans le décret royal, *souhaite* l'établissement entre nous et les Espagnols d'Europe. Quel vaste champ va donc s'ouvrir, pour obtenir à la cour, dans les armées et dans les tribunaux de la monarchie, les honneurs et les richesses qu'on nous a si constamment refusés ? Les Espagnols Européens ayant eu jusqu'ici la possession exclusive de tous ces avantages, il est bien juste aussi que le gouvernement, pour établir *cette parfaite égalité*, commence par les mettre sur le pied où nous avons été si long-temps. Nous devrions donc seuls fréquenter les ports de l'Espagne, et devenir les maîtres de son commerce, de ses richesses et de sa destinée ; on ne doit pas douter que les Espagnols, témoins de notre modération, ne se soumettent tranquillement à ce nouvel arrangement ; le *système d'égalité* et notre exemple le justifient merveilleusement.

Que diroient l'Espagne et son gouvernement, si nous insistions sérieusement sur l'exécution de ce beau système, et pourquoi nous insulter si cruellement en parlant d'union et d'égalité ? Oui, égalité et union, comme celle des animaux de la fable; l'Espagne s'est réservé le rôle du lion. N'est-

ce

ce qu'après trois siècles que la possession du nouveau monde notre patrie nous est due, et que nous devons entendre parler de l'espoir de devenir égaux aux Espagnols d'Europe? Et comment et à quel titre serions-nous déchus de cette égalité? Hélas! c'est par notre aveugle, notre lâche soumission à tous les outrages du gouvernement, que nous avons mérité qu'il ait conçu de nous une idée si méprisable et si insultante. Chers Frères et Compatriotes, si parmi nous il n'est personne qui ne connoisse et ne sente ses torts plus vivement que je ne saurois l'exprimer, l'ardeur qui se manifeste dans votre âme, les grands exemples de vos ancêtres et votre bouillant courage vous prescrivent la résolution qui convient seule à l'honneur dont vous avez hérité, que vous chérissez et que vous prisez au-dessus de tout. Cette résolution, le gouvernement d'Espagne vous l'a indiquée lui-même, en vous considérant toujours comme un peuple distinct des Espagnols-Européens, et sa distinction vous impose le plus ignominieux esclavage. Consentons de notre côté à être un peuple différent; renonçons au ridicule système *d'union* et *d'égalité* avec nos maîtres et nos tyrans; renonçons à un gouvernement, dont l'éloignement si énorme ne peut nous procurer, même en partie, les avantages que tout homme doit attendre de la société à laquelle il est attaché ; à ce gouvernement, qui, au lieu de remplir son devoir indispensable, de protéger la liberté et la sûreté de nos personnes et de nos propriétés, a mis le plus grand empressement à les détruire ; et qui, au lieu de s'efforcer à nous rendre heureux, accumule encore sur nous toutes les espèces de calamités. Puisque les droits et les devoirs du gouvernement et des sujets sont réciproques, l'Espagne a transgressé la première tous ses devoirs envers nous ; elle a aussi la première brisé les foibles liens qui auroient pu nous attacher et nous retenir.

La nature nous a séparés de l'Espagne par des mers immenses : un fils qui se trouveroit à pareille distance de son père, seroit sans doute un insensé, si dans la conduite de ses moindres intérêts, il attendoit toujours la décision de son père. Le fils est émancipé par le droit naturel : et dans un cas semblable, un peuple nombreux, qui ne dépend en rien d'un autre peuple, dont il n'a aucun besoin, devra-t-il lui être assujetti comme le plus vil esclave ?

L'éloignement des lieux, qui proclame notre indépendance naturelle, est moindre encore que celui des intérêts. Nous avons essentiellement besoin d'un gouvernement qui soit au milieu de nous pour la répartition des bienfaits, objet de l'union sociale. Dépendre d'un gouvernement éloigné de deux ou trois mille lieues, c'est la même chose que si nous renoncions à ces bienfaits ; et tel est l'intérêt de la cour d'Espagne, qui n'aspire à nous donner des lois, à maîtriser notre commerce, notre industrie, nos biens et nos personnes, que pour les sacrifier à son ambition, à l'orgueil et à l'avarice.

Enfin, sous quelque aspect que soit envisagée notre dépendance de l'Espagne, on verra que tous nos devoirs nous obligent à la terminer. Nous le devons par reconnoissance pour nos ancêtres, qui ne prodiguèrent pas leur sang et leurs sueurs, pour que le théâtre de leur gloire ou de leurs travaux devînt celui de notre misérable servitude. Nous le devons à nous-mêmes, par l'obligation indispensable de conserver les droits naturels reçus de notre créateur, droits précieux que nous ne sommes pas les maîtres d'aliéner, et qu'on ne peut nous ravir sans crime sous quelque prétexte que ce soit. L'homme peut-il renoncer à sa raison, ou peut-elle lui être arrachée par la force ? Or, la liberté personnelle ne lui appartient pas moins essentiellement que la raison. La librejouissance de ces mêmes droits, est l'héritage inestimable que nous devons transmettre à notre postérité.

Ce seroit un blasphême d'imaginer, que le suprême bienfaiteur des hommes ait permis la découverte du nouveau monde, afin qu'un petit nombre de *méchans imbécilles*, fût toujours maître de le désoler ; et qu'il eût sans cesse le plaisir atroce de dépouiller des millions d'hommes qui ne leur ont donné aucun sujet de plainte, des droits essentiels reçus de sa main divine : d'imaginer que sa sagesse éternelle voulût priver le reste du genre humain des immenses avantages que, dans l'ordre naturel, un si grand évènement devoit lui procurer, et le condamner à désirer en gémissant, que le nouveau monde fut demeuré à jamais inconnu. Ce blasphême est pourtant mis en pratique par le droit que l'Espagne s'arroge sur l'Amérique, et la malice humaine a perverti l'ordre naturel des miséricordes du Seigneur, indépendamment de la justice due à nos intérêts particuliers pour la défense de la patrie. Nous sommes obligés de remplir, autant qu'il est en nous, les espérances dont jusqu'ici l'on a frustré le genre humain. Découvrons une nouvelle fois l'Amérique pour tous nos frères habitans de ce globe, d'où l'ingratitude, l'injustice, et l'avarice la plus insensée nous ont exilés ; la récompense ne sera pas moindre pour nous que pour eux.

Les diverses régions en Europe, auxquelles la couronne d'Espagne a été obligée de renoncer, tels que le royaume de Portugal placé dans l'enceinte même de l'Espagne, et la célèbre République des Provinces-Unies, qui secouèrent son joug de fer, nous apprennent qu'un continent infiniment plus grand que l'Espagne, plus riche, plus puissant, plus peuplé, ne doit pas dépendre de ce royaume lorsqu'il s'en trouve si éloigné, et moins encore quand il est réduit au plus dur esclavage.

La valeur avec laquelle les colonies Angloises de l'Amérique ont combattu pour la liberté, dont elles jouissent glorieusement, couvre de honte notre indolence ; nous leur avons cédé la palme dont elles ont les premières couronné le nouveau monde dans leur souveraineté indépendante. Ajoutez l'empressement des cours d'Espagne et de France pour soutenir la cause des Anglois Américains ; il accuse notre insensibilité ; qu'il soit au moins l'aiguillon de notre honneur provoqué par des outrages qui ont duré trois cents ans.

Il n'est plus de prétexte pour excuser notre résignation ; et si nous souffrons plus long-temps les vexations qui nous accablent, on dira avec raison que notre lâcheté les a méritées : nos descendans nous chargeront d'imprécations, lorsque, mordant en vain le frein de l'esclavage—de l'esclavage dont ils auront hérité, ils se souviendront du moment où, pour être libres, nous n'avions qu'à le vouloir.

Ce moment est arrivé ; saisissons-le avec tous les sentimens d'une pieuse reconnoissance ; et pour peu que nous fassions d'efforts, la sage liberté, don précieux du ciel, accompagnée de toutes les vertus et suivie de la prospérité, commencera son règne dans le nouveau monde, et la tyrannie sera bientôt exterminée.

Animés par un motif si grand et si juste, nous pouvons avec assurance nous adresser au principe éternel de l'ordre et de la justice, implorer dans nos humbles prières sa divine assistance, et dans l'espérance d'être exaucés, nous consoler d'avance de nos malheurs.

Ce glorieux triomphe sera complet, et coûtera peu à l'humanité ; la foiblesse du seul ennemi qui ait intérêt de s'y opposer, ne lui permet d'employer la force ouverte qu'en accélérant sa ruine entière. Son principal appui est dans les richesses que nous lui fournissons ; qu'elles lui soient refusées, et qu'elles servent à nôtre défense, nous rendrons sa rage impuissante. Notre cause est d'ailleurs si juste, si favorable au genre humain, qu'il n'est guères possible, parmi les autres nations, d'en trouver une qui se charge de l'infamie de nous combattre, ou qui, renonçant à ses intérêts personnels, ose contredire le vœu général en faveur de notre liberté. L'Espagnol sage et vertueux qui gémit en silence de l'oppression de sa patrie, applaudira lui-même à notre entreprise. On verra renaître la gloire nationale dans un Empire immense, devenu l'asile assuré de tous les Espagnols, qui, outre l'hospitalité fraternelle qu'ils y ont toujours trouvée, pourront encore y respirer librement, sous les lois de la raison et la justice.

Puisse-t-il ne souffrir aucun délai, ce jour le plus heureux qui aura jamais éclairé, je ne dis pas l'Amérique, mais la surface entière du globe ! Lorsqu'aux horreurs de la tyrannie, de l'oppression et de la cruauté, succédera le règne de la raison, de la justice, de l'humanité ; lorsque la crainte, les angoisses et les gémissemens de *dix-huit millions d'hommes*, feront place à la confiance mutuelle, à la satisfaction la plus franche et à la jouissance pure des bienfaits du Créateur, dont le nom sacré ne servira plus de masque aux brigandages, à la fraude, et à la férocité *; lorsque les odieuses barrières, que le plus sot égoïsme, en sacrifiant ses vrais intérêts au détestable plaisir d'em-

---

* « Quel juste motif le gouvernement Espagnol pouvoit-« il avoir de déclarer la guerre aux Indiens (dit le ver-« tueux Las Casas), qui ne leur avoient fait jamais aucun « tort, ni inquiété en aucune manière! Ils ne les avoient « jamais vus ni connus: ils n'étoient point descendus « sur leurs terres pour y faire des ravages: ils n'avoient « jamais fait profession du christianisme comme les « Maures du royaume de Grenade, &c...On ne peut point « encore reprocher aux Indiens d'être les ennemis déclarés « de notre foi, ni de mettre tout en œuvre pour la détruire « par des persécutions ouvertes, ou par des persuasions « occultes, en forçant les chrétiens à renoncer leur foi « pour les obliger de se faire idolâtres. Les lois divines « et humaines n'ont jamais permis de faire la guerre aux « nations, sous prétexte d'y établir la foi; à moins qu'on « ne veuille soutenir que la loi évangélique, pleine de charité, « de douceur, d'humanité, doive être introduite dans le « monde par la force, comme la loi de Mahomet....."

« Il n'y a point d'endroits dans le monde où les hommes « et les autres animaux multiplient autant que dans les « Indes; parce que l'air qu'on respire dans ce pays est tem-« péré et favorable à la génération. Mais les Espagnols ont « trouvé le secret de dépeupler entièrement des contrées « remplies d'une multitude infinie d'hommes et de femmes : « ils les ont massacrés injustement, pour s'emparer de l'or « et de l'argent qu'ils possédoient; ils ont fait périr les au-« tres, en les faisant travailler avec excès, ou les obligeant « à pord'empêcher le bien d'autrui, opposé au bonheur de tout le genre humain, seront renversées; quel agréable et touchant spectacle ne présenteront pas les fertiles rivages de l'Amérique, couverts d'hommes de toutes les nations, échangeant les productions de leur pays contre les nôtres! combien d'entr'eux, fuyant l'oppression ou la misère, viendront nous enrichir de leur industrie, de leurs connoissances, et réparer notre population si affoiblie! L'Amérique rapprocheroit ainsi les extrémités de la terre, et ses habitans seroient unis par l'intérêt commun d'une seule GRANDE FAMILLE DE FRÈRES.

" à porter des fardeaux très-pesans pendant cent et deux cents " lieues: si bien que, pour avoir des richesses, ils sacrifioient " la vie des Indiens. Nous n'avançons rien qui ne soit très- " véritable, et nous ne disons pas encore la moitié des choses " que nous avons vues. . . ." D. B. de Las Casas, la Découverte des Indes, Paris 1697.

FIN.

www.ingramcontent.com/pod-product-compliance
Lightning Source LLC
LaVergne TN
LVHW020248230826
846091LV00006B/2300

9782012943209